# 我们生活在
# 模拟世界中吗？

不思議なテレポート・
マシーンの話

[日]饭田隆 / 著

李奕 / 译

贵州出版集团
贵州人民出版社

FUSHIGINA TELEPORT MACHINE NO HANASHI by Takashi Iida

Illustrated by Toshinori Yonemura

Copyright © Takashi Iida, 2022

Original Japanese edition published by Chikumashobo Ltd.

This Simplified Chinese edition published by arrangement with Chikumashobo Ltd., Tokyo, through Tuttle-Mori Agency, Inc.

Simplified Chinese translation copyright © 2025 by United Sky (Beijing) New Media Co., Ltd.

All rights reserved.

著作权合同登记号 图字：22-2024-073 号

图书在版编目（CIP）数据

我们生活在模拟世界中吗？ /（日）饭田隆著；李奕译 . – 贵阳：贵州人民出版社，2025. 1. –（Q 文库）. – ISBN 978-7-221-18725-3

Ⅰ. B-49

中国国家版本馆 CIP 数据核字第 2024MF3261 号

WOMEN SHENGHUO ZAI MONI SHIJIE ZHONG MA？

我们生活在模拟世界中吗？

[日] 饭田隆 / 著

李奕 / 译

| | | | |
|---|---|---|---|
| 选题策划 | 轻读文库 | 出 版 人 | 朱文迅 |
| 责任编辑 | 彭 涛 | 特约编辑 | 李芳铃 |

| | |
|---|---|
| 出　版 | 贵州出版集团　贵州人民出版社 |
| 地　址 | 贵州省贵阳市观山湖区会展东路 SOHO 办公区 A 座 |
| 发　行 | 轻读文化传媒（北京）有限公司 |
| 印　刷 | 北京雅图新世纪印刷科技有限公司 |
| 版　次 | 2025 年 1 月第 1 版 |
| 印　次 | 2025 年 1 月第 1 次印刷 |
| 开　本 | 730 毫米 × 940 毫米　1/32 |
| 印　张 | 2.5 |
| 字　数 | 44 千字 |
| 书　号 | ISBN 978-7-221-18725-3 |
| 定　价 | 25.00 元 |

关注轻读

客服咨询

# 目录

**第 1 章　舅舅在跳蚤市场发现的新奇玩意儿**　　1

舅舅与我　　3

舅舅在跳蚤市场入手这新奇玩意儿的过程　　5

传送　　6

真的可以称之为"瞬间移动"吗?　　9

即使很像，也不能说是同一个东西　　11

一不一样有那么重要吗?　　15

但是还是很想知道这是怎么运作的　　17


**第 2 章　又入手了一台"接收机"**　　19

收到舅舅的邮件　　21

问过跳蚤市场主办方后舅舅发现的东西　　22

与其说是移动装置，不如说是复制装置!　　24

原件与复制品　　26

油画和漫画　　30

全部都能变成数据　　31

小秋姨　　34

## 第3章　人也会变成数据　　　37

责备舅舅怎么会想到复制人类　　　39

生物与非生物　　　40

可以复制宠物吗?　　　42

复制人类呢?　　　45

复制能延续生命吗?　　　49

复制蚂蚁会怎样?　　　51


## 第4章　或许我们自身是被模拟出来的　　　55

心之模拟　　　57

继人类之后出现的东西　　　59

后人类会模拟祖先吗?　　　60

几乎可以确定我们是被模拟的存在?　　　61

小秋姨的推论　　　64

我的推论　　　67


建议下一本看的书　　　**71**

——

# 舅舅在跳蚤市场
# 发现的新奇玩意儿

# 舅舅与我

我有个舅舅，有点怪。他是我母亲的弟弟，独自一人住在隔壁车站附近。要说他哪里怪，那真是不胜枚举，最怪的便要数他是个发明狂人了吧。说起舅舅的发明，母亲倒是跟我提过一些，但都没有给我留下太深的印象，说白了就是些没什么用的东西。但令人惊讶的是，那些看似没用的东西里，有很多却是别人也同样发明并取得了专利的。如此说来，发明爱好者也并不算稀罕，所以最多只能说舅舅有点怪吧。

我是个独生子，家中没有其他兄弟姐妹，所以从小舅舅就会经常陪着我玩。舅舅似乎也不太擅长与大多数成年人打交道，他说只有和我在一起时才最能随心所欲。因此，每天放学后回家，我总会提前一站下车，先去趟附近的舅舅家，如同必修课一般。

今天也跟平时一样，回家前去了趟舅舅家。舅舅住在一栋三层出租房的顶楼。据说同一层还住着另一个人，也许白天出门上班去了吧，反正我从未碰见过。舅舅也是粗枝大叶，从来都不锁门，所以偶尔他外出家中无人时，我也能随意进入。实际上大多数时候我都是直接推门进去的，但是今天舅舅居然在家里。

进门后，首先映入眼帘的是一张大桌子，就那

样占据着一间十张榻榻米[1]大小的狭长房间的正中央。我想如果我的房间里有这么大一张桌子的话，东西肯定会被堆得杂乱无章，放在哪儿都不知道，应该会非常不方便吧。舅舅虽然没有洁癖，但因为善于整理，桌子上有什么一目了然。

舅舅坐在桌边，面前摆着两个像沙漏外壳似的东西。对，就是那种非常常见的玩意儿，有木头做的，也有金属做的，上下两个圆盘之间立着三根细柱子。大概有十厘米高吧，形状大小都一样，只有颜色不同，一个是金色的，另一个是银色的，总之一眼就能看出差别。

在我开口说了声"下午好"之后，舅舅才注意到我。他好像有点恍惚，不过对此我也早就习以为常了。于是我问舅舅他面前摆的是什么东西。

乍听到我的提问，舅舅先是一脸疑惑，后来才终

---

1  榻榻米一般按日本传统尺寸制作，标准的榻榻米长约180厘米，宽90厘米。

于回过神，开始和我讲起入手这玩意儿的整个过程。

## 舅舅在跳蚤市场入手
## 这新奇玩意儿的过程

嗯，问题就在这儿。这究竟是什么？

就让我先来说说是怎么得到这玩意儿的吧。

你应该知道跳蚤市场不仅仅是网上才有的吧？这显而易见。毕竟众所周知，在还没有网络的时代，跳蚤市场就已经存在了，而且这种买卖也肯定是把东西拿在手上看过比较好。

我也不是特地去找的，只是路过的地方附近刚好有个跳蚤市场，就随便逛了逛。昨天坐车回家时突然想起有点东西要买，于是便在一个从未下过车的陌生车站下了车。边走边找有卖那东西的店铺时，路过了一个小公园，里面正好在搞跳蚤市场，就顺便进去逛了逛。逛着逛着，发现角落里有个很奇怪的摊位。具体也说不清怪在哪里，感觉就像是在极力隐藏，尽量不惹人注意的样子。既然都摆出摊位了，还搞得那么不显眼，这就让人觉得有点奇怪了。

或许正因为这样，我一个客人都没看到，一开始还以为连个看店的人都没有。还好不是。走近之后，一个小孩突然从摆放着物品的摊子下面站了起来。说是小孩，现在想想，也不确定那到底是不是个孩子了。

反正看上去只有小学低年级孩子那么高，长相平平，欢迎光临什么的也都没说，只是一直盯着我这边看。我觉得有点尴尬，只好挠挠头假装颇感兴趣似的看着摊子上的东西。但是摆在那里的东西随便哪个看上去都像破烂货，某些物品的零件啦，破旧机器的部件啦，反正就是这类东西。其中看上去还算不错的就只有这个了，也不知道是做什么用的，即便知道怎么用，也肯定是已经坏了的吧，就想着放在房间里当装饰也不错。因为再不买点什么就太尴尬了——那孩子一直目不转睛地看着呀，总不能什么东西都不买就走了吧。

就在我刚想开口询问价格的时候，孩子从摊位下拿出一张纸，开始自顾自地包了起来。当时觉得那真是非常孩子的包法，手法笨拙，包完后样子也皱皱巴巴的，无论如何都算不上漂亮。孩子把包好的东西塞了过来，像是想让我拿了赶紧走的样子。即便说了还没付钱呢，那孩子依旧一言不发，只是直愣愣地盯着我看。没办法，我只好拿着东西离开了。途中几次回头去看，每次都能感觉到孩子直愣愣的目光。

哎，都怪这，我把之前要买东西一事忘得一干二净，抱着这个包得乱七八糟的东西回家了。

## 传送

不仅没买到最初想买的东西，还多带回了件累赘，到家后我不爽了好一阵子，自然也没心情打开包装，研究一下里面到底是什么东西，昨天甚至连碰都没碰一下。

但今天，我突然对昨天带回家的东西产生了极大的好奇，于是打开包装纸好好研究了一番。这小玩意儿一共有两个，不过不知道这两个款式相同、颜色不同的小东西，是组合在一起用的，还是单独使用的。在跳蚤市场上看到的两个小玩意儿是以一个圆盘为底立着的，也不知道是该像那样立着使用，还是横放着像车轮那样使用。两个小东西的材质也是个问题。首先能确定不是用木头或者塑料做的。应该是某种金属制品吧，但我用吸铁石去吸，用小刀去削，各种方法都尝试过了，仍旧没有一点眉目。我甚至都在想是不是该委托专家去分析一下了。

这么捣鼓着捣鼓着，不知不觉就饿了。想着找点什么东西吃，打开冰箱一看，居然没有什么像样的东西，便出门买了点三明治带回来。对了，就是你也知道的那个"婆牌"三明治，你说过很好吃的。

三明治买回来后，想煮点咖啡，于是准备去烧水。在此之前，我顺手把找零的100日元硬币放在了桌子上，就放在那两个让人摸不着头脑的小玩意儿的其中一个里面。

一边喝着咖啡，一边吃着三明治，我寻思着换个思路，先琢磨点儿别的事情，尽量不去看那两个不明

第1章 舅舅在跳蚤市场发现的新奇玩意儿

物件，但最终还是败给了强烈的好奇心。罢了，我重新观察了起来，但莫名觉得好像哪里有点不对劲，似乎有什么东西不一样了。一开始并不知道是哪里出了问题，后来才突然注意到是硬币的位置变了。烧开水之前，硬币明明放在了金色那边，但现在居然在它旁侧的银色那边了。起初我也想会不会是自己记错了，但在反反复复回想多次之后，我敢肯定，的确是放在了金色那边。

难以置信吧？于是我重新把硬币从银色那边取了出来，再一次放回了金色那边。什么都没有发生。就在我怀疑刚刚是否真的是我的错觉时，硬币居然又一次移动到了银色那边。我惊呆了。

此后我又进行了各种各样的尝试，大致得到了以下结论。

- 可以从金色一方转移到银色一方，但不能从银色一方转移到金色一方。即便把东西放在银色那边，也不会有丝毫变化。所以，可以称金色的为"传送机"，银色的为"接收机"。

- 就算物品被放在"传送机"上，也不会立刻移动。虽然目前尚不清楚原因，但我猜应该是在某处有个能操控"传送机"的按钮，只有以某种方式"按下"按钮，传送装置才能够运转。

- 一次并不是只能传送一个东西。将100

日元和10日元的硬币同时放在"传送机"上，两枚硬币也都移动了。但如果待传送物品的大小超出了"传送机"的范围，传送装置就不能启动。如果"接收机"上放着别的东西，也不能传送成功。

• 能放进"传送机"内的东西都能被传送，液体也不例外。用小杯子放了点咖啡试了试，完全没有问题，甚至连杯子也一起移动了。

• 最令人惊讶的是，就算"传送机"和"接收机"之间有像墙壁一样的障碍物，也丝毫不影响传送。就算把"接收机"放在别的房间里，关上门，硬币也能顺利移动到"接收机"内部。

上述这些现象，你不觉得很像科幻小说中常见的"瞬间移动"吗？虽然我从未认真考虑过瞬间移动，但这不正是眼前这东西所做的事吗？完全可以说它就是个传送机吧。

## 真的可以称之为"瞬间移动"吗？

说实话，当舅舅说出"瞬间移动"时，我着实大吃了一惊。我也曾好奇过发明爱好者到底是群什么样的人，于是就在网上查询了一番——据说绝大部分人都是疯子。当时我松了一口气，舅舅的发明我之前听母亲说起过，虽然都是些无用之物，但起码和疯子沾不上边。但如今，舅舅不仅大谈科幻，还暗示存在瞬间移动之类的东西，我似乎对他也并不那么放心了。

不过，我们得先看看舅舅说的是不是真的。舅舅倒像是看穿了我的心思似的，当即就把那个金色的小玩意儿拿了过来，并将100日元放在了圆盘上面，一边开始摩挲圆盘的表面，一边说："虽然我还不太清楚开关究竟在什么地方。"随后，银色那边真的出现了100日元。一番同样的操作后，一枚100日元硬币和一枚10元硬币也同时移动了。最后，舅舅把银色的小玩意儿拿到隔壁房间，牢牢关上了房门，一枚100日元硬币也同样被传送了过去。这一切简直就像变魔术一样。虽然舅舅会时不时地给我惊喜，但从不会戏弄我。要真是魔术的话，他一开始就会和我讲明，也不必大费周章跟我讲从跳蚤市场得到这两件玩意儿的事了。于是我问道："这的确很不可思议，但是你为什么确定这就是瞬间移动呢？"

舅舅说："嗯，传送是可以叫瞬间移动的吧。不管距离多远，几乎都能瞬间到达。至于远距离的移动，目前我还没尝试过。即便尝试，普通的计时器也无法判断瞬间移动是否真的发生了。但正如我们刚才所看到的，决定性的一点是即便隔着墙壁也能顺利移动。从一处移动到另一处，必须得穿越一定的空间，无论如何都是需要花费时间的。但如果不用穿越空间呢？传送就能实现这种移动，这也是它被称为瞬间移动的原因。不用穿越空间就能移动，意味着你可以从一个地方移动到另一个地方，不管它们之间有什么。如果需要通过穿越空间来使刚才的100日元硬币到达隔壁房间，那么势必会撞到墙壁或者门，而能隔墙移动就证明硬币并没有穿越空间，而是瞬间移动了。"

我认识一个热衷科幻的学长，所以对这种话题也略知一二。学长认为瞬间移动在理论上是不可能的，并对此做过深入研究，我甚至还听说他跟别人雄辩过一场。于是我便借用学长的话与舅舅展开了讨论。

## 即使很像，
## 也不能说是同一个东西

**我** 就算是瞬间移动，也终究有移动这一过程。你怎么知道移动前的100日元硬币和移动后的100日元硬币是同一枚硬币呢？

**舅舅** 肯定是同一枚呀，一模一样的嘛。

**我** 那100日元硬币是怎么制造出来的呢？网上说是由大阪造币局制造的。那么，假设有两枚刚刚制造出来的100日元硬币，它们也一模一样吧？

**舅舅** 是的。

**我**　但不能说它们就是同一枚硬币，而是两枚不同的100日元硬币吧。明明长得一模一样，为什么说它们是不同的呢？

**舅舅**　因为，两枚……哦，我明白了，因为它们在不同的地方。

**我**　对吧？在不同的地方，所以就能确定不是同一个东西。那么，如果把两枚一模一样的100日元硬币一起传送呢？

**舅舅**　依旧是两枚一模一样的100日元硬币吧。

**我**　可是，你能分辨出哪个是哪个吗？最初放在右边的100日元硬币，能确定是传送后两个硬币中的哪一个吗？做个记号之类的是远远不够的。不管怎么说，现实中总有一些一模一样的东西是不能做记号的，也得考虑到这种情况。

**舅舅**　没有记号，肉眼就难以辨识，这确实有点伤脑筋。如果认为是按照原有的位置关系移动的话，或左或右都是相对于自己来说的，所以也不好作为区分的标准。但是，如果能确定传送后在所谓的接收机里是以何种规律出现的话，应该就能判断了吧？

**我**　我发现，在舅舅刚才的几次尝试中，每次传送后硬币的朝向都是不一样的。

**舅舅**　也对。就算两枚100日元硬币的位置关系是一样的，也有可能是整体偏移了180度的结果。原先在传送机的右边，可能传送后就到了接收机的左边，况且我们还不清楚到底是不是这样。

**我** 对吧？说到底，根本无法分辨哪个是哪个。

**舅舅** 但也只能说难以区分而已，从哪个变到哪个还是能确定的吧？

**我** 是的，一般而言可以这么认为。就算是从造币局里刚刚制造出来的两枚几乎一模一样的硬币，只要记录下它们所有的行踪，也可以根据其出现的位置辨别到底哪个是哪个。这不正是因为像硬币这种东西，我们很难想象它会突然消失，然后又突然出现在其他的地方吗？一般而言，我们认为存在的事物不会被局限于固定的场所，而且如果事物的存在在时间上离我们很近，那么它在空间上也有可能与我们接近。

**舅舅** 但是如果有传送机的话，事情就不好说了。

**我** 对啊。两枚硬币被同时传送的话，二者都会有在任何地方都不存在的时刻。即使拍下了视频，也会有一瞬间二者都从画面中消失，然后再出现在其他地方。这时候就分辨不出哪个是哪个了。

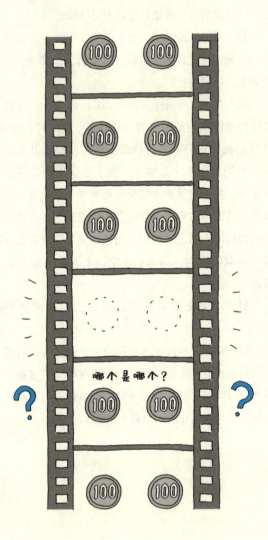

14

# 一不一样有那么重要吗?

**舅舅** 我知道了，是这么个意思吧。在某个瞬间，两枚一模一样的100日元硬币从传送机上消失了，而下一个瞬间，又有两枚硬币出现在了接收机上，它们不仅彼此相像，而且与之前放在传送机上的100日元硬币也一模一样。若要确定这两枚硬币正是之前消失的两枚，就必须先确定这两枚硬币中的某一枚和消失的两枚硬币中的某一枚其实是同一枚，而这是无法实现的。虽然听上去有点绕，但也只能这么解释了。

**我** 对，这样说来，只有一枚100日元硬币的时候也是同样的道理。只能说传送机上的那枚100日元硬币消失了，然后与之一模一样的100日元硬币出现在了接收机上，不能说就是这枚100日元硬币从传送机转移到了接收机上。

**舅舅** 那当然。如果某个东西在某个时间出现在了某个地方，然后另一个东西又出现在了另一个地方，这并不意味着某个东西移动了，不是吗?

**我** 是的，以前就有人说过，移动是指某个东西某一时刻出现在了某个地方，之后发生了位置的变动，出现在了另一个地方。

**舅舅** 但究竟是不是同一枚硬币，有必要这么较真吗? 就算不是同一枚硬币发生了移动，就算出现的是不同的硬币，也同样能在自动贩卖机上使用吧? 只要都能当钱用不就行了吗？

**我**　如果只是100日元硬币的话，我也这么觉得。

**舅舅**　对吧？所以当接收机和传送机上出现了一模一样的硬币时，把它们当作同一枚硬币就好嘛。传送两枚一模一样的100日元硬币时也是如此，哪个是哪个也由我们自己决定就好啦。

**我**　这样的话，真的能说100日元硬币发生了瞬间移动吗？

**舅舅**　当然了。这对其他东西，包括这个房间里的东西来说，也同样适用。拿这部手机举例吧，只要不清除内存又能正常使用，就算它在某一瞬间曾经消失过，也可以说和消失前的是同一部手机吧。

**我**　如果还有另外一部手机与舅舅的手机一模一样的话，也是同样的道理。就算我在舅舅睡着的时候把两部手机一起传送，也不会造成任何麻烦吧。

**舅舅**　那就跟100日元硬币的情况一样了，虽然分不清哪个是哪个，但也不会有什么问题。只要两部一模一样的手机的记忆卡完全同步更新，并且也不在意非得使用哪一部的话，就算分不清哪个是哪个，也不会造成任何麻烦。就像比起拥有一枚硬币，拥有两枚硬币更好，拥有两部手机也更好吧？

**我**　对于大多数外观相同、功能也一样的事物，比如100日元硬币啦，手机啦，总之那些由金属呀，塑料呀构成的物品来说，我认为它们是否一模一样并不重要，并且它们是否一模一样可以由我们来决定。但世界上的事物远不止这些。比如，浓儿²就是个例外，对吧？

**舅舅**　那当然。尤其人，更不能与百元硬币或手机放在一起比较。至于生物能不能被传送，那得尝试过才知道。但不管怎么说，现在能尝试传送的也只有小型生物而已。

## 但是还是很想知道这是怎么运作的

原本以为我说得有点不知天高地厚了，但令人惊讶的是，舅舅居然相当认真地思考着。一开始还觉得舅舅根本不会在乎我的推理呢。于是我又继续追问了下去。

**我**　您认为这东西究竟是怎么运作的呢？

**舅舅**　嗯，虽说只是空想也没用，但是还是会忍不住猜想。首先可以肯定的是，一切都与这两个装置有关。

**我**　在传送机上放了东西，才会在接收机上出现和它一模一样的东西。没有这两个装置，就不会发生这样的事情。

**舅舅**　所以，虽说现在发生的事情很匪夷所思，

---

2　主人公养的杂交犬的名字。

但是肯定不是偶然发生的奇怪事件。因为只要满足了同样的条件，就会发生相同的事情，这一定是有理可循的。

**我**　正因如此，我更想知道这究竟是怎么运作的了。

**舅舅**　如果不是在传送机上放了100日元硬币，就不会在接收机上出现100日元硬币，尽管不能说这两枚硬币就是同一枚，但是接收机上的100日元硬币肯定是和传送机上的100日元硬币存在着某种因果关系，是这样吧？

**我**　肯定有做出这个东西的人吧，我们与其这样那样地瞎想，还不如直接去找那个人比较靠谱吧？

**舅舅**　对，我也是这么想的。当我意识到这可能是个惊世骇俗的东西之后，第一个念头就是想再去一趟昨天的跳蚤市场。于是我就在网上查了一下，发现它只有周末才开。昨天正好是周日，所以只能等到下周六了。

**我**　原来如此。但是如果这东西能在那天的跳蚤市场被发现的话，它也有可能出现在其他的跳蚤市场。但这周我很忙，没时间去逛跳蚤市场，我试着在网上找找看吧。

看了一眼舅舅家的钟表，已经很晚，快到帮母亲做饭的时间了。于是我匆匆向他道别，准备回家。舅舅的声音从身后传来："有什么发现就联系我。"

第2章

——

# 又入手了一台
# "接收机"

# 收到舅舅的邮件

真不是糊弄舅舅，之后的一周，我被课后俱乐部的活动和大量作业包围着，确实是忙得不可开交。尽管如此，我依然去了几趟舅舅家，还把接收机带回了家里，确认了果真能从舅舅那里接收到100日元硬币。虽然不知道是否瞬间到达，但到的速度非常快这一点是毫无疑问的，因为舅舅在电话那头刚说完"发送喽"，我这边就收到了。最重要的是，我们现在能肯定，这个装置的运行是不受距离影响的。

虽说我很想抽空上网搜索一番各个跳蚤市场的信息，但实在是忙得挤不出一点时间。况且我都不知道用什么词条搜索，总不能搜"传送机"吧。

舅舅想再去各个跳蚤市场转转，查查线索，无奈大多数跳蚤市场都是周末才开，虽然有些地方周五也开，但除此之外的平日都没什么动静。所以我们最终决定还是等到周六再去同一个跳蚤市场看看。我也很想周六和舅舅一同前往，可惜学校的俱乐部活动要搞一整天，没办法去。

周六，我结束俱乐部活动回到家时，舅舅已经发来了电子邮件：

爆炸性消息，有时间的话，明天来一趟。

明知道我看到短信就会立马飞奔过去，还说什么"有时间的话"，真是老舅做派。

# 问过跳蚤市场主办方后
# 舅舅发现的东西

　　本想次日一大早便去舅舅家的，但想到舅舅上午一般都会睡懒觉，不到中午是起不来的，就想着不如做点蛋糕当作礼物带给舅舅吧。奶酪蛋糕虽然简单，但味道还是很不错的。

　　等蛋糕稍微凉一点，也刚好到了出门的时间。就在我提着蛋糕刚到舅舅家门口时，门居然从里面打开了，像是舅舅也闻到了蛋糕的香味似的。这次是舅舅先跟我打了声招呼，我应了声"哟"后，他便眉开眼笑地从我手中接过了蛋糕。我感觉舅舅的这股热情应该不只是因为蛋糕，怎么说呢，他整个人都透着喜悦——爆炸性消息绝对是个好消息。

　　以下是舅舅边吃蛋糕时边告诉我的。

　　本想一大早就去跳蚤市场的，结果还是起晚了。临近中午才终于到了上星期举办跳蚤市场的公园，就想直奔公园角落去看看那家摊子。不过，奇怪的是，我明明记得那摊子应该是在角落方向的，但转了好几圈都没找到。渐渐地，我开始怀疑它到底是不是在角落了。后来我将所有的摊子都转了一遍，但到处都是卖正经东西的，并没有那家卖破烂货的怪摊子。

　　我忽然想到主办方会不会有什么线索，于是跑过去询问。主办方负责人是位女士，一开始以为我是去投诉的，满脸戒备。后来听我讲明了来由，便热情地帮我查了起来。她说所有参加跳蚤市场的摊位都需要提前报名登记，什么时候来了什么摊位，只需看记录便一目了然，还让我看了上周日所有登记在册的摊位信息。当我问小孩能不能摆摊时，她说即便是孩子出摊也必须有家长陪同，再说也没有孩子出摊的记录。一般而言，来出摊的都是些老客户，上周来过这周没来的只有三家，卖的都不是我说的东西，可能那里并没有我要找的那家摊子。

虽然心灰意冷，但奇怪的是，我竟也觉得这样的结果早已在意料之中了。可能因为那位女士的热情接待也不至于让人太垂头丧气，我向她道过谢后便离开了公园，朝着车站的方向走去。大概走了100米吧，就看见刚来的路上像是有什么东西。走近一看，这不是应该放在家里的那个接收机嘛，怎么会在这里？于是我连忙将它捡了起来。难道是不小心带了出来，又

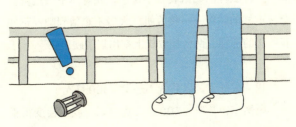

掉在了路上，刚好没被人捡走？虽然很匪夷所思，但想来想去也只有这么一个合理的解释了。反正这几天遇到的净是些常理说不通的怪事，或许这也只是其中之一吧。

可是回到家一看，接收机不是好端端地在家里放着嘛。我这才意识到，可能又得到了一台接收机。当即我便想到绝对不能把原先的接收机和现在拿回来的接收机给搞混了，于是就在新的接收机上贴了张贴纸。你看，就在这儿贴着呢，这个是新的。我还测试了这次捡到的是不是真的接收机，你猜怎么着？

## 与其说是移动装置，不如说是复制装置！

说到这里，就跟之前无数次测试一样，舅舅将一枚100日元硬币放在了传送机上，开始摩挲圆盘。面前放着原先的接收机，它旁边还有一个贴了贴纸的——什么样的贴纸我就不说了，我竟然不知道舅舅会有这样的贴纸——接收机。大概不难猜到吧？正如我所想的那样，两台接收机上都出现了硬币。

**我** 太好了，以后就不愁没有100日元了。

**舅舅** 岂止呀，500日元也可以，我们会变得很

有钱哦。

**我**　但这没事吗？不会被抓吗？

**舅舅**　只要我们一点一点用，就不会被发现的，哈哈。比起这个，更重要的是我们知道了这个装置并不是用来移动的，或者说，它并不仅仅是为了移动而存在的。

**我**　因为这两台接收机上都出现了硬币。如果只是一台接收机上出现了硬币，或许还可以说是从传送机转移到了接收机。但目前的结果并非如此，所以可以很明确地说这不是移动。两台接收机上出现的硬币也都不是原先传送机上的那一枚，因此我觉得应该叫复制才对。

**舅舅**　是啊。如果两枚一模一样的硬币同时消失又同时出现，可能还会纠结哪个是哪个。但如果是两枚硬币变成了四枚的话，与其满脑子纠结是不是同一个，还不如说都不是原来的硬币了。

**我**　那也就是说，不需要再考虑穿越空间的瞬间移动了吧？

**舅舅**　对。当然，这仅仅是我对这装置的个人猜测。我觉得最合理的解释是，传送机从放在装置内的物品中提取出数据，并将其发送给接收机，接收机根据接收到的数据复制出了物品。

**我**　数据传送虽然需要花点时间，但如此一来，也就不用担心像墙壁这样的障碍物了。就好像这边的扫描仪与那边的打印机无线连接了似的。

**舅舅**　能想到的暂时也只有这些了。我完全无法想象，这两个装置到底是如何提取出如此完美无瑕的数据，又是如何将其完美复制出来的，以现有的科学很难解释清楚吧。


## 原件与复制品

**我**　有一点值得注意，那便是一旦扫描完成，原件就会消失。对一般的复制而言，被复制的原件是不会消失的吧？

**舅舅**　嗯，一般的话确实如此。但以前有那种比较低端的保护装置，不仅能够保护原件不被复制，而且一旦有人尝试复制，原件就会被删除。

**我** 这个我也听说过。但就目前的情况来看，起码复制品被保留了下来。确切地说，原件消失了，只留下了复制品。

**舅舅** 如果是硬币、手机之类的物品，采取这种模式没有任何问题。话说回来，存在硬币的原件吗？

**我** 我不知道这样说对不对。像硬币啊，手机啊，这些都不是一开始就存在的，得先有个想做什么东西的想法。如果非要说原件是什么的话，应该是指原创的点子吧。

**舅舅** 对，设计呀，构图呀之类的。

**我** 不只手机，硬币也有设计和构图。所以说，以这种方式被制作出来的东西，应该既不能说是原件，也不能说是复制品。但也有例外，不是有那种原件与复制品截然不同的存在嘛。

**舅舅** 比如说呢？

**我** 以前的画不就是吗？

**舅舅** 以前的画？哦，你说的是挂在美术馆里的那些？

**我** 对对，虽然对我来说那是完全陌生的领域，但是据说不是真迹就会一文不值。

**舅舅** 倒也不是一文不值啦。对了，你知道凡·高吗？

**我**　知道，把自己的耳朵割下来的那个吧。

**舅舅**　知道名画《向日葵》吗？

**我**　当然知道，《名侦探柯南》里出现过。

**舅舅**　哦，是吗？凡·高画过好几幅向日葵，随便哪幅都价值不菲，而且那几幅画也都被人临摹过，临摹之作与原画几乎一模一样，可以说相当于复制品了吧。这些复制品中的优秀作品也能卖到高价，虽然完全不能与真迹相提并论。

**我**　那是因为临摹画再怎么惟妙惟肖，和真迹也还是会有所不同吧？

**舅舅**　毕竟都是出自人手嘛，肯定不会一模一样的。像颜料呀，画纸画布呀，总归还是有出入的。

**我**　但是如果这个装置再大一点，可以将原件直接扫描的话，应该就不会有太大差别了吧。对了，我想到了一个好主意，可以随便拿一幅《向日葵》的真迹，然后通过类似的装置做出复制品。虽然有人可能会觉得，既然都能拿到真迹了，做这种事情也就毫无必要了——就权当是为了保险起见吧。以这种方式得到的复制品和真迹丝毫不差，即便如此，人们还会因为不是真迹就觉得一文不值了吗？

# 油画和漫画

**舅舅**　再怎么像，也不能说是同一个东西吧？

**我**　但是如果看上去一模一样的话，真品与复制品还会有差别吗？为什么还要去纠结哪个是真品，哪个是复制品呢？

**舅舅**　可能是因为，就画而言，人们肉眼可见的并不是它全部的价值吧？比如谁画的也至关重要。问题不仅仅在于这幅画，还有画这幅画的人，以及他之前画过什么样的画，之后又变成了怎样的画风。换句话说，那个人接触的都是些什么样的画，这些画背后的故事都是有着千丝万缕的联系的。虽然这些也都是我从别人那里听来的。

**我**　但是，就算没有真迹，一模一样的复制品也能起到同样的效果吧。比如说，漫画不也有原稿嘛，所谓的原画展也时不时地在举办。我想，就算是那些对漫画津津乐道的人，也不会特地去调查是否所有的画都是原稿吧，一般市面上出售的漫画就已经能够满足他们了解故事内容的需求了。

**舅舅**　那是因为人们普遍认为，漫画从一开始就是通过印刷或者网络上传等复制手段而得以传播的。

**我**　那是因为复制技术很先进吧。如果这个装置有大型号的话，会怎么样呢？如果自己的画能够被完美复制，画家也会想借之使自己的画作得到更多人的瞩目吧。

**舅舅**　但实际上，这样的复制装置并不存在。正因为这种装置不存在，才会有展览和美术馆啊。

**我**　话虽如此，如果真的能有能完美复制的装置，并能借之将《向日葵》复制到难辨真伪的程度，到时岂不是不知道哪个才是真迹了？我觉得就算不知道哪个是真迹，也一点都不会影响这幅画原本就是很久以前凡·高所画的事实，以及人们对于凡·高是一个怎样的人等的思考和评价。

**舅舅**　这么说，凡·高的画也会和硬币、手机一样，其原件与复制品之间的区别将近于无了？但是凡·高的真迹和那些复制品之间还是有区别的吧。漫画原稿也因为是由漫画家本人亲笔所画，才会被人另眼相看，不是吗？

**我**　就是说，真迹能被追溯到凡·高本人提笔创作的那一刻，而复制品只能停留在被复制的那一刻吧。为什么会产生这种区别呢？就像被偶像摸过的东西会被大家小心翼翼地收藏起来一样。

## 全部都能变成数据

**舅舅**　这点我也很难理解。但是有一点很清楚，就是现在摆在我们面前的是比传送装置更为厉害的东西。

**我** 哦？此话怎讲？

**舅舅** 总之，摆在我们眼前的是一台能将任何东西转化为数据的装置。不仅如此，它还能把数据转化为实物。综合以上两点，可以说这就是万能的复制装置。就目前所知，传送机一旦启动，接收机好像也会跟着启动，从传送机传到接收机的数据一定是可以被单独提取出来的。

**我** 这种构造仅仅是舅舅的推测吧。不过，虽说光是无限复制100日元和500日元硬币就已经是非常了不得的事情了，但似乎这个装置能复制的还远不止这些小东西。话说回来，比这更厉害的是什么呢？

**舅舅** 这装置虽小，但也不能小瞧了它。它既然存在就意味着肯定有人知道怎样复制，以及为什么可以复制。对于那个人来说，制造出更大的装置也不过是小菜一碟。关键在于现在这种操作是切实可行的，那就不是展览会呀，美术馆呀将会何去何从这种程度的事，而是天翻地覆的大发现了。

**我** 确实，我也觉得能将任何东西都完美复制相当厉害。

**舅舅** 不只是厉害。首先，因稀缺而珍贵的东西会逐渐消失。因为像金子呀，钻石戒指呀这类物品可以被大量复制，在一瞬间成倍增加。其次，受影响最大的应该要数运输了吧。以后就会变成家家都有一个像这样的接收装置，只要想要的东西的数据被传送过

## 下载新球鞋

来，就可以在自己家变出这个东西。

**我** 如此一来，所有东西最终都会变成数据啊。

**舅舅** 就是说嘛，特别厉害吧。物品会随着时间的流逝变得陈旧，但数据不会，因为数据能永远保持不变。东西用旧了，就把数据再传送一次，做一个新的就可以了。哦，对了，就像现在说的下载音乐一样，也许以后就是下载物品了。

**我** 呀，那以后就可以说，我下载了一双新球鞋之类的了吧。虽说数据不会变旧，但数据也要存放在什么载体中吧。这样一来，数据也会变旧、会丢失吧？

**舅舅** 确实，数据只能通过依附于某个物品的形式存在，比如计算机硬盘之类的。但将数据存放在不同的地方非常容易，就算某个地方的数据用不了了，存储在其他地方的数据也能使用，如果经常更换储存数据的载体，则会更加安全。换句话说，数据虽然只能以依附于物品的形式存在，但它可以依附任何物品。

## 小秋姨

舅舅似乎沉浸到自己幻想的世界中去了，我却担心事情是否真能如此顺利地发展。首先，即便可以用这个装置将现存的事物进行复制，并且一模一样的复制品在数量上可以是无穷无尽的，但想要做出前所未有的新东西时该怎么办呢？其次，绝对会出现想要将数据据为己有的人。因为就算是想构建应有尽有的社会，也总会有一部分人想搞垄断。如果所有的东西都被转化成了数据，垄断反而更容易进行吧？或许有人会觉得，因为数据复制起来非常容易，所以垄断难以实现。但果真如此吗？会不会恰恰相反，有人会尽可能地从大家手中抢占复制手段呢？

无论如何，都到了该回家的时间了。正当我准备道别的时候，舅舅说明天小秋姨会来，让我有时间的话再来一趟。

小秋姨是舅舅为数不多的朋友之一，是比舅舅高一个年级的学姐。但到底是什么时期的学姐，实际上我也不是很清楚。搞不好是双重时期的学姐呢？比如高中和大学时期？舅舅经常提起小秋姨的往事，也正因如此，我听着听着，也就分不清到底是什么时候的事情了。

小秋姨在一所预科学校教数学，不仅人漂亮，教得也好——或者更确切地说，"不仅教学有方，同时也是个美人"。漂亮是锦上添花——小秋姨似乎很有人气。

小秋姨也是个很爱探讨的人。以前她经常和舅舅一起探讨问题，后来发现我也爱讨论，再加上可能觉得跟舅舅讨论得不过瘾，最近可能跟我探讨得更多一点。为什么说跟舅舅讨论得不过瘾呢？只是我个人推测啊，可能因为舅舅总是立马认同小秋姨说的话吧。对于爱探讨的人来说，这就有点索然无味了。

按照舅舅的说法，小秋姨是个自由主义者。我觉得如果自由主义者都像小秋姨这样的话也不错。我从未对外人提起过，长大后想成为像小秋姨那样的大人。但小秋姨认为我像是个悲观主义者。我问舅舅什么是悲观主义者。舅舅说，悲观主义者就是什么事都往坏处想的人。确实，我也不否认这一点。不过，难道悲观主义者就不能成为自由主义者吗？

幸好明天是期中考试的第一天，很早就能放学，我便一口答应了下来。走出舅舅家的时候，舅舅居然说谢谢我带去的奶酪蛋糕，真是太阳打从西边出来了。

第3章

————

# 人也会变成数据

# 责备舅舅怎么会想到复制人类

第二天我到舅舅家时，小秋姨已经到了。小秋姨和我打了声招呼，很是欣喜，肯定是之前一直在听舅舅讲他的大发现，见到我以为终于可以稍微转移话题了吧。没想到舅舅竟全然不顾，只是瞥了我一眼，又继续了他的话题。

**舅舅**　因此，如果是什么都能复制的话，终极测试肯定就是复制人类了。

**小秋姨**　为什么要复制人类呢？幸好这个装置很小，复制不了人类。哎，等会儿，不对不对，这里能放下受精卵……总之，复制人类事关重大，如果只是为了测试这个装置能干什么的话，那就太不负责任了。最重要的是，你说复制品生成后原件就会消失，这就相当于杀害了一个人呀。

**舅舅**　确实。不过，虽然原本的人会消失，但是会留下一个与之一模一样的人，因此也不算单纯的消失吧。以前不是很多人都认为"肉体虽死，灵魂永存"吗？在现在这种情况下，可以说"数据就是灵魂"。

**我**　但是同一个人可以同时复制出好几个人，不是吗？如果这样的话，复制出来的所有人都有着相同的灵魂吗？

**小秋姨**　这确实是个问题。硬币的话，一模一样的不管有多少都没问题。人的话呢，就……

**舅舅**　以数据为源制作出的复制品肯定不止一份。为什么硬币多复制几次也没有问题，而人就不行呢？这究竟是为什么？

## 生物与非生物

**我**　会不会是因为硬币是死的，而人是活的？这太显而易见了，我都有点不好意思说出口。

**小秋姨**　哪里的话，做任何事，从基础开始很重要。

**我**　没有生命的可以复制，但是有生命的不能复制，会是这个理由吗？

**舅舅**　应该不是吧。举个例子，植物也是有生命的吧。试想一下，像这样的装置会给农业带来什么样的影响——种子也好，禾苗也罢，想要多少就有多少。而且只要原来的作物是非转基因作物，即便是复制品，小秋也会安心食用吧。

**小秋姨**　如果能保证复制后不会引起任何不良后果的话……哦，原来如此，这里的关键是能不能将原来的东西丝毫不差地复制出来。如果能做到这样，那应该就是安全的。不过，试想一下，也不必从种子呀，禾苗呀开始种起，只要复制食材或者加工品就可以了嘛。这对农业来说将会是巨大的打击，毕竟，只是获取食材的话，就没有必要再依赖农业了。

**舅舅** 农业就只会以培育新品种或开发新食材的形式存在了。

**我** 这样的话，因作为食用肉而被杀的动物也会大大减少吧。

**小秋姨** 对呀对呀。说到底，实在没有必要特意去复制有生命的东西——不管是动物还是植物。毕竟，已经变成食物的东西已经属于非生物了。

**舅舅** 也对。不只非生物，只要是加工后能变成商品的东西，就算被复制也没什么大问题。

**小秋姨** 说没问题就有点过头了。虽说复制硬币没有问题，但实际上也是不被允许的吧。怎么说呢，复制没有造成不良后果并不代表复制本身没有问题。

**我** 那么，对未经过人工加工的非生物进行复制的话，复制本身就没有问题了吗？

**舅舅** 应该是吧。但那样的话，稀少而贵重的金属就会不复存在了。

**小秋姨** 如果复制后因为数量的增加而导致了环境的破坏，就会因为复制后会造成不良后果而觉得不应该去复制。

**舅舅** 但是由对生物的复制可能会造成不良后果推导出复制本身是有问题的，这会不会太夸张了？复制非生物没有问题，但复制生物在某些情况下是不被允许的。那被允许的情况又是什么呢？

**我** 花店怎么样？花店不是有卖鲜切花和盆栽的嘛，复制这些东西似乎没有什么太大的问题吧。

**小秋姨** 好像的确如此。但是，对像你妈妈那样喜欢从种子开始培育植物的人来说，除了复制花以外就买不到其他花了的话，无异于世界末日吧。

**我** 也对。不管什么蛋糕，只能买到复制品的话，就没办法自己做了，也就失去了做蛋糕的乐趣。看来什么都能靠复制获得也不见得是件好事。

**舅舅** 但这只是因为复制的结果不尽如人意吧。我想不出复制植物这一行为本身有什么问题。复制动物呢？有没有那种复制了也没问题的情况？

## 可以复制宠物吗？

**我** 那些由人类饲养的、非食用的动物呢？

**舅舅** 像是宠物，或者动物园里的动物吗？

**我** 对。我听说有把已经去世的宠物克隆的买卖。如果用舅舅的装置能够复制出一模一样的宠物的话，岂不是更简单？哦，对了，被复制的宠物如果已经死了的话就不能被复制了，因此得在宠物还活着的时候就进行复制。但现在这个装置也只能留下复制后的宠物，那也就毫无意义了。

**小秋姨** 那些克隆宠物并将之出售的行为真是可恶至极——所谓的"宠物"打从一开始就是按照人类

的要求被培育和饲养的。

**舅舅** 咱们先把这个问题放到一边。我们现在讨论的是，复制会让原来的宠物消失或者死亡，只留下能再现之前那只宠物的完美数据。

**我** 但这个装置的构造果真如此吗？我有点怀疑。

**舅舅** 我明白。现在我们的讨论都是建立在"这个装置的构造如何如何"这一推测的基础之上的，我们就姑且把它当作那样的构造吧。这样一来，我们不就能和原来的宠物再次团聚了吗？

**小秋姨** 但这么做的目的是什么呢？有必要为了得到那个数据特地杀死现在所珍爱的宠物吗？是因为复制品不止一个，这样一来就能拥有和原先一模一样的宠物？

**舅舅** 也不都是这样吧。就像刚刚说的，只要把数据保存下来，万一以后宠物死了，还能用数据重新再复制一个新的出来，也就不必再承受失去宠物的悲痛了吧？

**我** 随时重启的意思啊。

**小秋姨** 有些人养狗是因为想照顾他们喜欢的小狗，但我觉得更多的人是因为喜欢某个犬种，觉得某个犬种可爱而开始养狗的。比起某只小狗本身，后者可能更多地是将小狗当作某个犬种的代表在养吧。当然，这可能只是我的偏见。不过那些养着看上去长得像玩具的小狗的人，不正是怀着这样的心情吗？

**我**　或许一开始是因为喜欢某个犬种，但养着养着一定会喜欢上这只小狗本身吧。到那时候就可以说，养它不再因为它属于某个犬种，而是因为它是那只自己为之取了名字的小狗了。如果是这样的话，养的就不是某个犬种的代表，而是那只狗本身了。

**舅舅**　复制宠物一旦流行开来，好像也会变得很奇怪吧？不仅是某个品种的狗，即便很多人想养同一只狗，也将不再是难事了。不是有那种给买狗的人看的目录册嘛。如果是现在的话，即便目录册上印着浓儿的照片，一般也只是指可以买到浓儿这一品种的狗。但今后如果目录册里印着浓儿的照片，就意味着能买到跟浓儿长得一模一样的狗了吧。

**我**　浓儿是杂交犬，我想很难买到同一个品种的。但是通过复制装置的话，的确可以做到和浓儿一模一样。虽然不太愿意去想，但是如果我的浓儿死了，可以通过留下的数据再次见到它，我一定会非常开心。不过，到时候可能也会觉得那个不再是我的浓儿了。

**小秋姨**　即使复制了浓儿，也肯定不再是你的浓儿了。

**我**　是的。比如说我的手机，用的时间长了，就产生了感情，这和觉得某个品牌或者某个型号好用是不一样的。就算有好几只浓儿，我也不认为那就是我曾抚摸过的那个浓儿。

# 复制人类呢?

**舅舅** 总之,将自然界原有的东西进行完美复制,其实就是对自然进行再加工,复制品最终还是变成了商品。那样的话,复制人类当然是件非同小可的大事了。

**我** 商品本来就是被大量复制的东西,所以被进一步复制也没问题,但是复制其他东西就有可能事与愿违,引发不良后果。

**小秋姨** 不过也有不应该成为商品的东西吧?宠物不正是如此吗?某种东西成为商品并不意味着它可以被复制。

**我** 对啊。也就是说,不应该成为商品的东西是不能被复制的。因此人也是不能被复制的。

**小秋姨** 是啊。所以问题最终就变成了,人为什么不能成为商品。不过这话题就大了。

**我** 这也是为什么奴隶制不被允许的话题吧。

**舅舅** 等等。复制那些并非出于自愿的人确实不行,但是那些自愿被复制的人呢?宠物也好,动物也罢,毕竟都不会说话,但是人是可以自主表达的。

**我** 怎么会觉得有人想复制自己呢?

**舅舅** 我不记得曾经在哪里读到过,把自己分解

成原子，再以光束的形式传送到其他星球重新组装的故事。而现在只需要将自己变成可以再生的数据就可以了。这样一来就不需要宇宙飞船，也没必要变成原子的光束，更不必在到达目的地之前经历漫长而无聊的时光了。

**我**　我觉得还是科幻故事中的冷冻睡眠比较切实可行吧？虽然在这里讨论哪种方式更切实可行实在是很奇怪。

**小秋姨**　倒也不难理解有人会想复制自己。大学期间教过我的老师中有一位特别与众不同，那是位数学老师，据说他在十几岁时就提出过划时代的理论。这位老师不仅很受部分学生的推崇，学生中甚至还流传着关于他的不可思议的传说。

**我**　什么传说？

**小秋姨**　那位老师说要在自己死后将身体冷冻起来，为此还将冷冻保存公司的电话号码写在了脚环上随身携带。你觉得他为什么会想这样做呢？

**我**　或许是想等待有一天重生技术的实现？

**小秋姨**　差不多。据说随着科技的进步，有朝一日人们能将人脑中的东西上传到计算机中，因此那位老师才想将自己的身体冷冻起来。

**我**　哦，科幻小说里也经常有将自己的大脑转化为软件上传到计算机中的故事，还真有人觉得可以实现啊。

**小秋姨**　长生不老的愿望从古至今从未改变。所以一旦有新技术出现，肯定会有人想借之来实现永生。

**舅舅**　我明白了。如今就连人类的身体也已经有很大一部分能被人工器官代替了，如果人脑也能用人工装置替换的话，那是否就趋近于完美了呢？等等，这不就相当于人体复制了嘛。

**我**　不只人脑，如果能将人的身体全部数据化的话，也就没有必要再特地去替换某个部位了。

**舅舅**　这岂不是远比冷冻身体来得更加容易？毕竟是数据嘛，可以根据需求随意改变形态，也可以被保存在任何地方，相较之下安全得多。

**我**　虽然身体只有一个，但是转化成数据后就可以被保存在各种地方，这岂不意味着能变成好几个人？

**舅舅**　也对。小秋的老师应该也没想过自己会变成好几个人重返人间吧。

**小秋姨**　那顶多也就是个传言而已。但是仔细想想，如果人类真的能在遥远的未来重生的话，老师肯定也想过重生后会孤苦伶仃，连个能说话的人都没有吧。

**我**　是啊，如果是我的话，肯定不愿意有个和我一模一样的人。

**舅舅**　可能有人会想把一生做不完的事分给几个自己去完成。如果不想和跟自己长得一模一样的人同时存在的话，也可以避免同时存在。换句话说，现在的自己做到一定的程度后再换下一个自己来继续完成，这也是可行的——只需要把那个时间点的自己的数据传送过去就可以了。

**我** 不仅如此，如果被复制的人不会因复制而消失的话，就可以随时将此刻的自己转化为数据保留下来，再据此做出一个与曾经的自己一模一样的人。啊，这更加难以接受。

**舅舅** 可能确实难以接受。但这样一来，人们或许就能看看如果曾经的自己不那么做的话，又会活出怎样的人生了。

**小秋姨** 人到了一定年纪不都会想再年轻一回吗？

**我** 那是因为年纪大了之后会忘记年轻时不如意的事吧。果然还是忘了比较好。


## 复制能延续生命吗？

**小秋姨** 如何是我自己的话，会做何选择呢？我会想再回到年轻的时候吗？因为吧，我好像已经慢慢忘记年轻时不如意的事情了。对了，现在我们讨论的是人为什么会想复制自己。我觉得最大的理由应该是想通过复制自己来延续生命吧。但这种复制能称得上是延续生命吗？

**舅舅** 虽然一旦被复制，原先的自己就会消失，

但复制出来的是与自己有着一样记忆、一样性格、一样能力和一样愿望的人。活下来的还是原来的自己，也就没什么可担心的了。

**我** 别嫌我啰嗦，一旦复制，就不止一个人了啊。

**小秋姨** 比如，如果将我复制成两个人，那么两个人都会认为自己是复制前的自己。即便眼前有另一个人和自己长得完全一样，并且拥有相同的记忆，也绝对不会认为对方就是自己吧？两个人都会说自己才是原来的那个自己，对方只是跟自己长得很像而已。而这两个完全不同的人，也绝对不会被认为是同一个人。

**舅舅** 但是重点不在于是不是同一个人，而在于能不能延续生命吧。

**我**　就算变成了几个人，也可以算是生命的延续？

**舅舅**　难道不是吗？像小秋的老师那样愿意将自己的大脑上传到计算机上来获得重生的人，这点觉悟还是有的吧？

**小秋姨**　如果复制人类变成了家常便饭的话，就得想其他办法判断是不是同一个人了。一定会出现一些闲言碎语，像是："别看这两个人现在完全不一样，以前居然是同一个人呢！"三十岁的自己和二十岁的自己当然是完全不一样的两个人，但到十岁为止，两个人还是一模一样的呢。

**我**　那刚才说的复制过去的自己呢？通过回到过去的自己这种方式活下去，也很奇怪吧？

## 复制蚂蚁会怎样？

就在这时，舅舅突然说："不管怎么样，我得先干件事儿。"就在我想会是什么事的时候，舅舅已经到隔壁房间窸窸窣窣地找什么东西去了。回来的时候，舅舅手里拿着一个塑料小圆筒，里面像是有什么东西在动。凑近一看，我恍然大悟，原来是蚂蚁啊。

无意中得到的装置是干什么用的？是不是任何东西都能复制？生物也能复制吗？当然会对这些心存好奇。正因为如此，舅舅才会想到去附近公园抓些虫子带回来试上一试吧。因为无论我们再怎么讨论能不能复制宠物啦，或者虽然不允许随便复制人类，但复制自己是不是可以啦什么的，首先都得先确定这个装置到底能不能复制生物。舅舅最终只抓到了几只蚂蚁，并把它们装进准备好的盒子里带了回来。就在这时候小秋姨来了，舅舅跟她讲了事情的前因后果，之后我也来了。

桌子上有一台金色传送机和两台并排放着的银色接收机。舅舅把装有蚂蚁的容器放在了传送机上，然后开始摩挲传送机的圆盘，就像之前那样。小秋姨和我都全神贯注，屏息凝神，目光不断在传送机和接收机之间游走。

然而什么也没发生。容器依旧停留在传送机上，接收机也依旧空空如也。舅舅又继续摩挲没有丝毫变化的传送机，许久后终于放弃了。

小秋姨提议再试试硬币。舅舅把装有蚂蚁的容器从传送机上拿了下来，换上硬币，并以同样的方式开始摩挲传送机的圆盘。和之前几次一样，传送机上的硬币消失，紧接着两台接收机上都出现了硬币。小秋姨又提议用植物试试看。舅舅从冰箱的蔬果室里拿出了一个柠檬，把它切成两半，又取出了一粒柠檬籽放在传送机上——还是什么都没有发生。蚂蚁呀，柠檬籽呀，硬币呀，重复试了好几次，成功的就只有硬币，蚂蚁和柠檬籽放上去一点反应都没有。后来连硬币都没有反应了。

小秋姨不禁笑出了声。可能是看到了舅舅气呼呼的表情，她连忙说了句抱歉，接着说道："我是想到那个卖给你——哦，不对，没收钱硬塞给你的——那个谁，也不是坏人，觉得放心才笑出声的。可能这装置的性能本就不怎么好，不仅只能扫描很小的东西，而且一遇到复杂的生物就束手无策。扫描性能也不尽如人意……或许是为了防止胡乱扫描损坏装置，所以一开始就设置了禁止扫描生物呢？"

这就像是正规装置的玩具版一般，并不是说只能做到这种程度，而是制作者知晓原理，并且有一台能正常运行的装置。使用不当的话会很危险，所以眼前这东西大概是为了让孩子也能够安全使用而特地做出来的吧。

因此，即便复制出来的硬币看上去和真的硬币一模一样，甚至可能在老式自动贩卖机上正常使用，但倘若遇到最新的高性能自动贩卖机，应该就没那么容易瞒天过海了吧。

为什么到最后就连硬币也不能复制了呢？是不是因为这装置一开始就被设定为一旦使用不当就会被禁止使用？如果真是这样的话，是否意味着我们的做法也不太合适呢？是不是有点玩过头了呢？

哦，对了，得把蚂蚁放回去了。

———

# 第4章

# 或许我们自身
# 是被模拟出来的

到阳台把蚂蚁放生后，小秋姨瞥了舅舅一眼，脸上掠过一丝忧心忡忡的神色。接着她说了一段很长的话，原话如下。

## 心之模拟

什么都能复制并不代表什么都可以复制，我认为这是非常正确的。如果我猜得没错的话，做出这个东西的人也是这么认为的，这当然很好。现在我就来说说为什么我是这么想的，虽然有点长，但请耐心点听我讲完。

偶然间得到的装置并非什么都能复制，而且现在什么都复制不了了。即便如此，我们也觉得能复制万物的装置很有可能是真实存在的。虽然刚才我们讨论的都是我们能复制什么东西之类的话题，但我们应该谁都不曾想过，或许其实我们自身也是被复制出来的。接下来我想说的是，这种事不但是有可能的，而且可能性非常大。

这类话题在科幻世界里早已司空见惯了，在小说和影视作品中也泛滥成灾。但我想谈论的并非虚构作品，而是现实世界。虽然这种事不能被绝对肯定，但也并非子虚乌有。

当然，这并不是我自己想出来的。我最早听到这个说法是在很久以前，那时还在上大学一年级吧。当时认识了一个女生，因为经常一起上课，而且我们选的课上很少有其他女生，便自然而然地熟络了起来。慢慢地，我们便开始相约一起吃午饭了。

一次午饭时间，这位女同学聊起了上午哲学课堂上听到的话——我们现在聊的这个话题。如果换成现在，我可能会认为这是某种阴谋论，没有心思理会，但是当时并没有阴谋论这一说，而且我知道那个女生很有自己的想法，如果是她感兴趣的话题，我也很乐意听上一听。

都听说过模拟吧。不是有那种模拟台风路径什么的嘛，模拟电车和交通堵塞之类的也很常见。在我所知的模拟中，使我大受震撼的是一个关于如果万有引力法则稍有变化，太阳系将会如何发展的模拟演示。

然而问题是这次的话题是人心的模拟，这可以说是对现实的完美模拟。一般模拟台风是模拟随着时间的推移台风旋涡在地图上呈现的走势，也可以用 CG[3] 技术来呈现台风到来时海潮涌动与风雨侵袭街道的情形。比起模拟台风，我认为更准确的说法是模拟人们在台风中的所见所闻和切身感受，即模拟台风中的经历。

模拟人心就是模拟人所经历的一切，不仅仅是台风，还包括人的感受、情绪和思考。拿台风举例，模

---

3    CG 是 Computer Graphics 的缩写，即计算机图形学，是一门
     与使用计算机技术来创建、处理和渲染图像和动画有关的学科。

拟人心不仅可以让人体验到风过脸颊、雨打耳旁的冰冷感，甚至还能模拟出人在当时情景中那种恐惧的感觉和逃难的想法。如果技术足够好，甚至可以以假乱真，让人认为自己就是在经历一场台风。如果扩大模拟的规模，还可以模拟一个人从记事起到咽下最后一口气的整个人生经历。如果模拟技术足够完美，体验者便如同身临其境地过完了一生。

## 继人类之后出现的东西

你认为这不可能？当时我也是这么想。但是朋友说，只要我们接受以下两点，就有十分的可能。其一，思维意识并不一定只局限于人脑中，任何系统——是的，她说的是"系统"——只要其复杂程度和大脑相同甚至比大脑更高，都有可能拥有思维意识，因此它甚至可能是一台计算机。其二，虽然如今的计算机功能已经十分强大，但这种程度还是远远不够。就算有一台计算机的算力庞大如一颗星球，也还是难以企及，需要比这个更为强大的算力才行。

据她所说，能做出这种计算机的绝不会是现在的人类，而是继人类之后出现的人，可以称之为"后人类"。对于这点，我很难接受。听上去有点像宗教了吧？但仔细想想，也不无道理，比如AI就很厉害吧。任何东西有了AI的加成，都能实现各种各样的转化与升级。考虑到如今AI飞速发展，认为AI可能会超越人类的专家也不在少数。像这种进化后的AI，会不会成为后人类呢？

当然，也有可能在后人类出现之前人类就已经自取灭亡了。毕竟，从核战争到全球气候变暖，令人惶惶不安的事情层出不穷，就算是AI也难以预测。也许在AI取代人类之前，人类自己就先打起来了。

## 后人类会模拟祖先吗？

也不知是不是幸事，假设人类没有自取灭亡，并且顺利出现了后人类，也有了不管加多少"超级"都不足以描述的很厉害的计算机，那就来说说后人类可能会做的事情吧。这是朋友在跟我说的时候，我觉得最有意思的地方。她说后人类会模拟自己的祖先，即我们人类。我就想："为什么会这样呢？"不过想想也是，现在不也有很多历史爱好者嘛。说不定后人类中也不乏此类人存在——能称之为"人"吗？我也不知道该怎么说才好，就姑且称之为"人"吧。这群人的存在应该也不奇怪吧，其中或许就有人会像玩游戏般模拟起祖先来。

不难想象，针对那些历史爱好者想要干的事，会有法律明文禁止，也会有社会风潮将其视为忌讳。但如果没有这些禁忌的话，有如此强大的计算机存在，模拟祖先是完全没有技术问题的。

况且，即便是人类，在有法律明文禁止和社会舆论监督的情况下，也依旧有偷偷打破禁忌的人。这么一想，后人类中的极少数大概也会模拟祖先吧。

有没有什么理由会让后人类完全不去模拟祖先呢？或许只有当后人类对祖先完全不感兴趣的时候才会如此。不仅不会再有历史爱好者，甚至对我们的过去或对自己的由来怀着哪怕一丁点儿的兴趣的人都没有。我不知道后人类是什么样的，它们对什么感兴趣、对什么没有兴趣也不得而知。不过这一切原本就是虚无缥缈的，姑且就认为后人类会模拟祖先吧。

## 几乎可以确定我们是被模拟的存在？

接下来就是最精彩的部分了。

也不知道算不算幸事，人类最终并没有灭亡，而是让位给了智力进化远胜于人类的后人类。然后也不知为何，后人类利用异常强大的计算机程序模拟起了祖先，即我们人类。

这里所说的模拟，并不只是指对单一事件的模拟，而应该叫模拟参数，重点是通过改变各种条件来模拟未来如何发展的过程。因此，这种程序能根据各种条件模拟出人类会走向何种历史结局。总而言之，后人类的计算机异常强大，轻而易举就能做到这些。甚至可以这么说，每改变一个参数，就能在计算机上呈现出后人类的祖先，即我们人类的不一样的历史。

这个故事的重点在于，将像这样被后人类模拟出来并保存在计算机上的所有思维意识与人类脑死亡后就消失的所有的思维意识进行数量上的比较。

就算是同一个模拟程序，只要改变不同的参数，也能模拟出不计其数且形形色色的历史，而存在于人脑中的思维意识，最多只和模拟程序中运行的浩瀚星河般的历史中某个人的思维意识在数量上相同。因此，不得不承认，就算将只存在于人脑中的思维意识全部加起来，比之后人类计算机中的所有思维意识，也只是沧海一粟而已。

假设有人问："你知道自己是哪一个吗？"

这个问题是在问，你能够分得清自己是一个拥有躯体（大脑是躯体的一部分）的人，还是后人类计算机里运行的某个程序片段吗？

我们肯定觉得自己是有思维意识的吧？不仅有思维意识，还有家庭，有工作单位，有学校，有朋友，比起这些，更重要的是有身体。是这样的。我们能感知周围存在人和事物，是因为我们能看，能触摸，并且能记忆。因为有意识，所以才会有感觉。知道自己拥有身体也是因为能感知到自己的身体，而没有意识的话就无法感知身体的存在。

然而，就算自己只是计算机程序中的一部分，这一切也是照样成立的。连同家庭、工作单位、学校和朋友，甚至包括身体，说这一切都是虚拟的一部分也毫不奇怪。模拟了意识，就能模拟出整个世界。更何况，完美的模拟根本看不出破绽。

如果只是讲到这里，我觉得跟以前听过的庄周梦蝶的故事也没有太大差别，即不知道身处梦境还是现实之中。但是现在谈论的远不止这些，不是简单地说一句分不清模拟世界和现实世界就可以了的。

较为有效的确认方法是比较思维意识的数量。如果拥有思维意识的本人——拥有思维意识的不只是人，所以这里其实不应该说"人"，但我又想不到更好的说法，暂且就用"人"这个字吧——不论如何深入地观察自己，都无法知道自己是模拟的还是真实的，那就只能考虑一下自己有可能属于哪种情况了。可能性的大小是可以用数字来表示的，即所谓的概率，也就是说看看哪种情况的概率更大就可以了。如此一来，答案便一目了然了。正如刚才所说的，后人类计算机上模拟出来的思维意识如恒河泥沙般数不胜数，这种情况的概率已经无限接近于1了。因此，可以基本确定我们自身的思维意识也是被模拟出来的。

## 小秋姨的推论

以上就是朋友跟我说的全部内容，我来总结一下吧。

人类并没有灭亡，后人类也出现了。如果后人类用计算机对自己的祖先（人类）进行了模拟，那么就基本可以确信，我们早已不是后人类出现前就存在的最初的人类，而是后人类计算机上模拟程序中的一部分了。

怎么样，相当劲爆吧。我也觉得很有意思，只是隐隐担心朋友会不会太当真了。不过随后我便安心了下来，因为她说完"有意思吧？"就立马哈哈大笑了起来。

直到后来我才知道，这并不是愚人节时用来骗人的鬼话，而是刊登在某个哲学杂志上的论文，听说还引发过热议。不是随便说句"好玩"便可一笑带过的。

刚才谈到了复制人类，我便回想起了老朋友曾经说过的话。为了复制大脑而将大脑数据化，很容易让人联想到将自己脑海中的所有信息上传至计算机的故事。不只大脑，无论什么东西，即便只有一个，只要被转化成了数据，复制起来也就易如反掌了，何况数

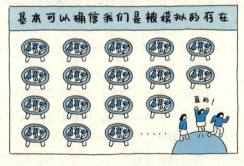

据还可以以各种形式存在于不同地方。有了先进的计算机，便可根据数据并通过改变各种条件进行模拟，对于这一点我也是不怀疑的。

不过，即便真的存在这么一项技术，能将人与各种事物数据化并复制出来，那么拥有这项技术的也一定不会是现在的人类——可能是我的朋友提到过的后人类，也有可能是拥有比人类更为先进的技术的外星人。无论如何，如果知道了有这种技术存在，人们都会产生相同的疑问吧？自己到底是大脑还未被复制过的自然人，还是基于从被破坏的大脑中提取出来的数据而模拟出的模拟人呢？如果真如我朋友所说，不就能基本确定我们自身都是被模拟出来的吗？

但我觉得刚刚发生的事好像在告诉我们，这个答案是错误的。首先，我们知道将某种东西变成数据再进行复制的技术是存在的，但并不是所有的东西都能被复制。正如我们刚才所看到的，生物是不能被复制的。为什么不行？答案之一可能是由于技术的限制。但我觉得或许还有别的答案，即技术层面可以实现，只是故意使其无法实现。

为什么会这么想呢？首先，这个装置的发明者可能一开始就没想着要提取数据，或许是不想破坏生物吧。其次，这个装置已经不能使用了吧？这或许是在告诉我们，像这样的使用方法是不可取的。虽然我觉得这有点多此一举了。

不管怎么说，这也证明拥有这种技术的发达文明，无论是后人类也好，外星人也罢，同时也发展出了一种能分辨什么能做、什么不能做的思考方式。如果真是这样的话，他们也会对随意模拟人的思维意识产生抵触情绪吧。照我朋友的话说，确信自己被模拟需要满足两个条件，其中一个就是"后人类模拟人类"。我认为这是不可能的。如果后人类真的进步到能模拟人的思维意识，我想他们也必定能对这么做是否正确做出判断，并且断然不会做模拟人类这种事。

所以呢，虽然好不容易得到的装置不能用了，但也不必太过懊恼。我们不是从中知道了更重要的信息了嘛——我们并不是被模拟的。

## 我的推论

在小秋姨讲完这么长的一段话后，一直沉默不语的舅舅的表情终于稍微柔和了下来，也许是感受到了小秋姨对他的担忧吧。

虽然劝好了舅舅是件好事，但我还是觉得小秋姨刚才的那番话漏洞百出。从为了复制将任何东西都数据化的话题，联想到计算机模拟，这没有问题。但是其他部分是不是太过跳跃了呢？而且这样的跳跃还不止一处。起码从不能复制蚂蚁和柠檬籽便推出不能复制生物的结论就太牵强了。除此之外，其他好些地方我觉得，就算想睁一只眼闭一只眼，也难免心生疑惑。

首先，拥有了先进的技术就不会做可怕的事，果真如此吗？可不可怕只是现在的我们的想法吧，后人类或者外星人或许根本就不这么认为。

其次，掌握先进技术的人干出骇人听闻的事的例子举不胜举。大家都听说过超越人类的AI可能会对人类做出可怕的事情吧。这里的"可怕"也只是对我们而言"可怕"而已。

最后，暂且不论怎么确定舅舅在跳蚤市场遇到的是不是外星人，仅从不能复制蚂蚁就推断出外星人的态度，这有点太说不过去了吧？

难道这一周发生的事并不是想表明我们不是被模拟的？或许恰恰相反？换句话说，我觉得如果认为我们是被模拟的，或许更能说通很多事情。

比如说，我认为将物品扫描后转化为数据是没问题的，但是从数据回到物体是怎么做到的呢？将物体分解为原子，再从原子重新回到物体也是一样的道理。将物体分解得零零碎碎轻而易举，但将它们重新组合起来却千难万难，这一点谁都知道。但是，如果说我和我周围的所有事物都是被模拟出来的，其实都是软件的话呢，难道不觉得这样比较说得通吗？当然了，事实上我觉得就算是软件，也和从原子回到物体一样，做起来相当有难度。

但还是算了吧。一切都是模拟什么的，无论如何都让人无法相信。小秋姨也清楚自己的话漏洞百出，重要的是劝好了舅舅。为了争取时间，从老朋友那里听到的话讲起，并顺着编排了自己最后想说的话，即便有很多不合理的地方也情有可原。况且效果也不错，舅舅看起来完全恢复了活力。

小秋姨眯起眼，打了一个大大的哈欠，站起来说："我得上课去了。"应该是学校的课吧。舅舅看上去好像也没事了，我也就和小秋姨一并道别了。

从舅舅家出来，我和小秋姨一起下了楼，她摆了摆手，说了声"再见了"。我木然地看着小秋姨朝着与我要去的车站相反方向走去。

这时，我突然意识到一件事，那就是完全没有留下复制装置这种东西存在过的证据。虽然的确还留着几枚复制后的硬币，但小秋姨觉得那是自动贩卖机上也能使用的、和真品一模一样的百元硬币。如果真是这样，也就不能证明我说的话是真实发生过的了。不过，我发誓，这些都是真的。如果大家不相信的话，可以去问问舅舅和小秋姨，他们肯定会告诉你没错，事实正是如此。

## 建议下一本看的书

虽说是"建议下一本看的书",但我觉得这样的书不止一本。

现在大家所看到的,算是一本为了让大家了解哲学而写成的书。更重要的是,我想让大家知道,哲学是非常有趣的,并不只是看上去一本正经的老头和大叔们的专属学问。永井均老师写的《面向孩子的哲学对话》[4]也做了同样的事,而且也许比我做得更好。这本书用小学生也能理解的通俗易懂的语言,展现了哲学是如何处理各种问题的。

第三章中提到的"同一个人,不同的人"这个话题,是自古就有的哲学问题。近年来,随着医学的发展和计算机技术的进步,与之相关的话题备受热议。相关讨论在铃木生郎、秋叶刚史、谷川卓和仓田刚合著的《现代形而上学词图》[5]第一章"人的同一性"中也有提到。虽然乍看之下有点深奥,但慢慢花时间去阅读的话,我觉得一定可以理解。在这一章中,有人问铃木生郎有没有什么推荐的书,他提到了格雷格·伊根[6]的三部短篇科幻小说——《金库保管箱》《学习成为我》和《临时演员》。头两篇小说编入了早

---

4　原书名为"子どものための哲学対話",由日本讲谈社文库出版。
5　原书名为"ワードマップ現代形而上学",由日本新曜社出版。
6　澳大利亚科幻小说家,以硬科幻作品闻名,曾获雨果奖。

川文库的科学小说系列作品《祈祷之海》[7]之中，第三篇编入了早川文库的《普朗克洞潜》[8]短篇小说集里。

关于第四章，我觉得1999年上演的好莱坞大片《黑客帝国》诠释得最为生动。影片具象化地展示了迄今为止哲学讨论中的背景设定，带给了我很大的震撼。小秋姨的朋友在哲学课上听来的，有关基本可以确定我们都是后人类计算机模拟的产物的想法，是个叫尼克·博斯特罗姆的哲学家提出来的。这篇论文没有日文译文，但他有一本书被译成了日文，书名叫作《超级人工智能与人类的命运》[9]。书名相当夺目，内容也很诱人，但比较晦涩难懂，这里就不做推荐了。

---

7  日文书名为"祈りの海"。
8  日文书名为"プランク·ダイヴ"。
9  日文书名为"スーパーインテリジェンス 超絶AIと人類の命運"，由日本经济新闻出版社出版。

产品经理：李芳铃
视觉统筹：马仕睿 @typo_d
印制统筹：赵路江
美术编辑：梁全新
版权统筹：李晓苏
营销统筹：好同学

豆瓣 / 微博 / 小红书 / 公众号
搜索「轻读文库」

mail@qingduwenku.com